미세먼지가 없는 날을 꿈꾸며...

"선생님, 또 운동장에서 체육 수업 못 해요?"

"오늘 같은 날은 실외 활동을 하기 힘들어요."

"아······."

"엄마, 놀이터에 가서 잠깐만 놀다 오면 안 돼요? 십 분만요."

"이런 날 나가 놀 생각하지 말고 숙제부터 하렴."

"후유······."

학교와 집에서 아이들이 아우성입니다. 어린이들의 한숨과 탄식이 끊이지 않습니다.

운동장에서 땀이 뻘뻘 나도록 축구를 하고 놀이터에서 신나게 뛰어 놀고 싶기 때문이겠지요.

아이들이 외출을 하지 못 하게 된 이유가 무엇일까요? 네, 맞아요. 미세먼지 농도가 높아졌기 때문이에요. 흔히 '미세먼지 농도 나쁨', '초미세먼지 매우 나쁨' 이렇게 이야기하지요. 한참 뛰어 놀고 싶은 어린이들 입장에서는 정말 억울할 수밖에 없어요. 차라리 비가 와서 땅에 물이라도 고여 있고, 미끄럼틀이 젖어 있으면 '오늘은 어쩔 수 없네'하며 쉽게 포기라도 할 텐데 말이죠. 옅은 안개가 낀 것처럼 공기가 조금 뿌연 것 뿐인데, 또 가끔은 파란 하늘이 눈부신 날인데도 밖에서 놀면 안 된다고 하니까요.

그런 날일 수록 이런 의문이 생길 거예요.

'그냥 미세먼지 없는 곳에서 살면 안 될까?'하는 의문 말이죠. 하지만 미세먼지는 이미 전 세계적인 문제가 되어버리고 말았답니다. 미세먼지가 없는 나라를 찾기도 힘들 뿐더러 찾는다고 해도 이민을 가는 것이 쉬운 일은 아니지요. 그렇다면, 차라리 이런 질문들을 가져 보는 것은 어떨까요?

"미세먼지, 초미세먼지가 뭘까?"

"도대체 왜 생기는 거야? 왜 몸에 나쁜 거지?"

"미세먼지를 줄일 수 있는 방법은 무얼까?"라는 생각을 해 보는 것이지요.

이 책에서는 이런 질문의 해답을 찾기 위해 누구보다 먼저 나서서 동분서주하는 규호의 이야기가 실려 있습니다. 자신이 좋아하는 축구를 마음껏 하기 위해서 의문을 갖기 시작했는데, 이 친구의 여행기를 살펴보면 우리가 편히 숨 쉴 수 있는 맑은 공기의 소중함을 알 수 있을 거예요. 읽다 보면 미세먼지에 대해 더 잘 알게 될 것입니다.

  깨달음을 얻었다면 이제 필요한 것은 바로 미세먼지를 줄이기 위한 실천입니다. 이 책을 읽은 어린이들이 함께 노력해서 우리가 사는 세상을 미세먼지가 없는 곳으로 만들어 보는 건 어떨까요?

김성준

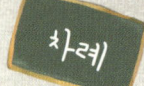

머리말 _4

 1   체육 시간이 없어졌다고? _10

 2   꾸중은 NO, 전력분석관은 YES! _26

 이게 다 미세먼지 때문이야. _34

 **신기하고 매캐한** 도시 여행 _62

 맑은 공기를 찾아서 _80

 **매일 축구를 할 수 있는** 그날까지 _90

체육 시간이 없어졌다고?

"엄마, 제 체육복 어디 있어요?"

"네 체육복이야 늘 있는 자리에 있지."

"못 찾겠어요! 엄마가 좀 찾아 주시면 안 돼요? 체육복 안 입으면 선생님께 꾸중 듣는단 말이에요."

규호는 옷장을 이리저리 뒤적이며 말했어요.

"그렇게 찾으면 평생 못 찾을 걸. 하나씩 차근차근 확인해 봐야지."

엄마는 어느새 초록색 바탕에 노란색 줄무늬가 있는

학교 체육복을 규호 손 위에 올려 주셨어요.

"축구가 그렇게 좋니?"

"그럼요. 세상에서 제일 좋은걸요. 보는 것도 좋고, 하는 것도 좋아요. 특히 축구 시합에서 골을 넣으면 얼마나 기분이 좋은데요. 시험 100점 받을 때보다 훨씬 좋아요."

규호는 체육복을 입으며 신이 나서 말했어요.

"너 어릴 때 몸이 약했잖니. 그래서 튼튼하게 자라라고 축구를 배우게 했는데, 이렇게까지 좋아할 줄은 엄마도 몰랐어."

"흐흐, 저도 몰랐어요. 엄마, 저 늦을 것 같아요. 체육복 다 입었으니까 학교 다녀오겠습니다!"

체육복 윗옷을 아래로 끌어당기며 규호가 말했어요.

"근데 규호야, 일기장이랑 수업 준비물은 잘 챙겼

니?"

엄마의 말씀에 규호는 '아차' 싶어 이내 웃는 얼굴로 말했답니다.

"이제 챙기려고요. 히히."

"아이고. 내가 그럴 줄 알았지. 우리 아들이 다른 일에도 축구하는 것만큼이나 열심히 하면 좋을 텐데……."

엄마는 허둥거리며 준비물을 챙기는 규호의 뒷모습을 보며 말씀하셨어요. 규호는 엄마가 그렇게 말씀하실 때마다 항상 하는 말이 있었지요.

"그래도 이거 하나라도 열심히 하는 게 어디에요. 아무 것도 안 하는 것보다는 낫잖아요."

하면서 재빨리 집을 나섰답니다.

"녀석, 말이나 못 하면. 아차, 규호야. 마스크는 하고 가야지. 오늘 미세먼지 농도 나쁨 단계인데!"

규호는 엄마가 하는 말을 듣는 둥 마는 둥 하며 집을 나섰어요. 얼른 학교 운동장으로 가서 축구공을 마음껏 차고 싶은 마음에 발걸음이 앞섰지요.

재빠른 걸음으로 학교 운동장에 도착한 규호는 같은 반 친구인 서준이와 마주쳤어요.

"서준아, 너 어디 아프니? 왜 마스크를 쓴 거야?"

규호가 서준이에게 조심스럽게 물었어요. 서준이는 같은 반 친구인데다가 축구 시합에서 규호와 호흡이 잘 맞는 공격수였어요. 조금 과장을 해서 말하면 서준이와 함께 넣은 골이 아마 100골은 넘을 지도 몰라요. 그런 서준이가 아프면 큰일이라는 생각에 규호는 걱정이 되었어요.

"엄마가 오늘 미세먼지가 나쁨 단계래. 그래서 마스

크 쓰고 학교 가라고 하셨거든."

"그렇구나. 근데 체육복은 왜 안 입은 거야? 오늘 체

육 수업 있는 날인데. 서준이 너 체육복 안 입고 와서 운동장 좀 뛰겠구나. 히히"

규호의 놀리는 말에 서준이는 발끈하며 말했어요.

"오늘 선생님께서 체육 수업 안 한다고 하셨거든?"

서준이가 하는 말에 규호는 화들짝 놀라 되물었지요.

"뭐? 선생님께서 언제 그런 말을 하셨는데? 나는 전혀 기억이 없걸랑?"

규호가 놀란 표정으로 묻자 서준이가 차근차근 다시

말하기 시작했어요.

"물론, 오늘 체육 수업을 안 한다! 이렇게 말씀하신 적은 없었지."

"에이, 그러니까 체육 수업을 한다는 거야. 안 한다는 거야?"

규호가 답답하다는 듯이 물었어요.

"지난번 선생님께서 그러셨잖아. 체육 시간 마칠 때쯤에 말이야. 다음 체육 수업 시간에 미세먼지 농도 나쁨 단계라는 예보가 있으니, 아침에 미세먼지가 심하면 체육 수업은 교실에서 이론 수업을 한다고 하셨는데, 기억 안 나니?"

"모르겠어. 지난번 체육 수업 시간에는 새로 개발한 골 세리머니를 했던 기억밖에 없는데."

"어이구, 네가 그렇지 뭐. 하여튼 오늘은 운동장 체육 수업이 없으니까 체육복 안 입어도 되는 날이야. 이제 알았지?"

"아니, 근데 먼지 좀 많다고 체육 수업을 운동장에서 안 한다니 그게 말이 되니? 조금만 운동장에서 뛰어도 먼지가 날리는 건 마찬가지잖아."

"미세먼지가 몸에 안 좋다고 어른들이 말씀하시니까. 교육청에서도 야외 수업하지 말라고 학교로 연락이 온 대."

규호는 서준이가 하는 말에 아쉬운 듯 운동장만 바라보았어요.

"규호 너 교실 지금 안 갈 거면 나 먼저 간다. 엄마가 바깥에 오래 있지 말라고 하셨거든."

서준이가 아쉬운 듯 운동장을 바라보며 쭈뼛거리고 있는 규호를 보며 이야기했지요.

"그래, 너 먼저 가. 나도 금방 갈게."

"근데 너무 오래 있지 마. 건강에 좋지 않다고 하니까."

그 말을 끝으로 서준이는 교실을 향해 성큼성큼 들어가 버렸어요.

서준이의 모습을 보며 규호는 그래도 미련을 못 버리고 운동장에서 혼자 공을 차 보았어요. 아침마다 함께 축구를 하던 형이나 친구들이 나오기를 기다리면서 말이지요. 그런데 평소와 다르게 선생님들이 그렇게 말려도 꼬박꼬박 아침마다 함께 축구를 했던 세환이와 지훈이의 모습이 코빼기도 보이지 않았어요.

'배신자들! 매일 아침마다 같이 축구하자고 해 놓고. 너희들이 안 오면 나 혼자라도 할 거야.'

마음은 그렇게 먹었지만 막상 혼자 골키퍼도 없는 골

대에 슛을 넣고, 골 세리머니를 하자니 금세 지겨워졌어요.

규호는 울적한 마음으로 터벅터벅 교실로 향했어요. 교실에 도착하자 몇몇 친구들이 문 앞에서 옷을 털고 있었지요.

'애들이 갑자기 왜 저러는 거지' 하는 생각이 들었지만, 축구를 하지 못해 마음이 불편한 규호는 굳이 물어보고 싶지 않았어요.

교실 안으로 들어가 보니 이번에는 친구들이 걸레로 책상과 사물함을 닦고 있었지요. 아까 먼저 교실에 간 서준이도 걸레로 책상을 열심히 닦고 있었어요.

규호는 서준이에게 다가가 물었어요.

"뭐 하는 거야? 아침부터 대청소하는 날인 거야?"

툴툴거리는 규호에게 서준이는 아무 말 없이 손가락

으로 칠판을 가리켰지요.

칠판에는 미세먼지가 많은 날에 아이들이 해야 할 일들이 적혀 있었어요. 규호는 칠판에 적힌 내용을 보자

더더욱 기분이 나빠졌어요. 체육을 하지 못한다는 것에 마음이 상한 규호는 아무 것도 하기가 싫어졌어요. 자리에 앉아 입을 삐죽거리며 책상 아래 애꿎은 축구공만 툭툭 건드리고 있었지요.

"이규호, 너는 다른 애들이 먼지 없애는 게 안 보이니? 왜 자꾸 공을 건드려서 먼지가 나게 만드는데! 너 또 혼자서 축구하고 왔어? 혹시 먼지 묻은 옷도 털지 않고 그냥 들어온 건 아니겠지?"

여자 회장 지민이었어요. 규호는 평소에 지민이가 잔소리를 많이 해도 못 들은 척하고 지나갔지요. 그런데 이미 마음이 상할 대로 상한 규호였기에 더 이상 참을 수가 없었어요.

"흥, 내가 안 하면 어쩔 건데. 그깟 미세먼지가 어쨌다고! 축구도 못 해서 화나는데, 왜 자꾸 화를 돋우고 그래!" 하고 소리를 빽 질렀지요.

그렇게 소리를 지르고 나자 규호는 '아차' 하며 자신이 잘못했다는 생각이 들었어요.

'그냥 옷 터는 척이라도 하며 복도에 나갔다가 올걸.'

규호는 방금 자신이 한 행동에 후회가 되었지요. 아니나 다를까 여자애들이 웅성거리는 소리가 들려왔고, 그 사이로 지민이가 훌쩍거리는 소리가 들렸어요.

"아, 조금만 참을걸……."

'1학기 동안 친구들과 싸우지 않으면 네가 원하는 국가대표 축구 선수 유니폼 사줄게.'

며칠 전에 엄마가 하신 말씀이 떠오르자, 규호는 눈앞에서 유니폼이 날개를 달고 사라지는 것 같았지요.

'그래, 빨리 사과하자.'

그렇게 생각을 하고 자리에서 일어나려는 순간, 드르

럭 교실 문 여는 소리가 들렸어요. 담임 선생님이 들어오자 몇몇 아이들이 쪼르르 선생님께 달려가서 교실에서 벌어진 일을 이야기했지요.

겉옷을 벗으며 아이들의 이야기를 듣던 선생님은 규호와 지민이에게 수업이 끝나면 남으라고 하셨어요. 선생님의 말씀이 끝나자, 여자아이들이 째려보는 시선이 규호의 등을 찌르는 것 같았지요.

'빨리 사과를 했어야 했는데, 아니 조금만 참았어야 했는데······.'

하지만 후회를 하기에는 이미 늦었어요. 규호는 선생님이 어떤 말을 하실지 마음이 두근거렸어요.

 ## 2 꾸중은 NO, 전력분석관은 YES!

"일주일 뒤에 미세먼지 줄이기 창작물 발표 대회가 있을 예정이에요. 여러분이 가지고 있는 생각들을 여러 가지로 표현할 수 있게 미리 준비하면 좋겠어요. 그리고 교실 나가기 전에 마스크를 가지고 온 학생들은 제대로 착용하고, 집에 가면 제일 먼저 깨끗하게 씻도록 하세요."

선생님의 말씀이 끝나자 반 아이들은 가방을 챙겨 교실을 나갔어요. 교실에는 청소 당번들이 남아 청소를 하기 시작했지요.

규호는 선생님이 계시는 쪽으로 향했어요. 책상에 앉아 계시는 선생님을 보자 규호는 선생님이 어떤 말을 하실지 가슴이 조여오는 것 같았어요.

"이규호, 화가 난다고 친구에게 그렇게 소리를 지르면 되겠니? 오늘 남아서 청소 당번들과 함께 같이 교실 청소하고 가렴."

'아, 오늘은 정말 운이 없는 날이구나. 미세먼지 때문에 아침에 축구도 못 하고, 체육 시간에도 이론 수업만 하고, 선생님께 꾸중 듣고, 게다가 오늘같이 먼지 많은 날 지저분한 교실 청소라니……'

규호는 혼잣말로 중얼거리면서 걸레질을 건성건성하기 시작했어요.

"청소 당번들은 끝나면 선생님께 확인 맡고 가렴. 그

리고 규호는 청소가 끝나면 선생님이랑 이야기 좀 하고 갈래?"

규호는 선생님의 말씀을 듣자 의아한 표정을 지어 보였어요.

'또 무슨 일로 그러실까? 아까 지민이와 있었던 일은 청소하는 것으로 끝난 것 아닌가? 내가 텔레비전을 너무 많이 본다고 엄마가 말씀하셨나? 그래도 난 엄마가 드라마 보는 것보다는 훨씬 적게 보고 건전하게 축구 경기만 보는데……. 아니면, 지난번에 숙제를 대충 한 것 때문일까? 숙제는 재원이랑 재환이도 늘 대충 했는데, 그것 때문이면 너무 억울한데…….'

규호가 걱정을 했던 것과 달리 선생님이 규호에게 던진 질문은 의외의 것이었습니다.

"규호는 축구를 좋아하지?"

"네? 맞아요. 아주 좋아해요."

"커서 축구 선수가 되고 싶은 거니?"

"네, 할 수 있으면 축구 선수가 되고 싶어요. 그런데 시합에 나가 보니까 쉬운 일은 아니더라고요. 저보다 훨씬 잘 하는 애들도 많고요. 근데 꼭 선수가 아니더라도 축구 심판이나 해설가, 캐스터가 되고 싶어요. 그러면 언제나 축구를 볼 수 있잖아요. 그래서 매일매일 축구에 관한 공부도 하고 있어요."

규호는 예상과 다른 선생님의 질문에 들뜬 목소리로 말했어요.

"규호가 그렇게 자신의 진로를 자세히 생각하고 있는 줄 몰랐네. 다시 봐야겠구나."

"헤헤, 감사합니다. 선생님."

규호는 선생님의 칭찬에 기분이 좋아졌어요.

"축구에 대해 그렇게 잘 알고 있다고 하니, 선생님이 길게 설명할 필요가 없겠는걸? 규호가 우리 반의 전력분석관이 되어 주렴. 전력분석관이 무엇인지는 알지?"

"전력분석관이요?"

"그래, 전력분석관."

"혹시 다른 학교랑 축구 시합이 있나요?"

규호는 조금 흥분된 목소리로 말했습니다.

"음, 축구 시합에 관한 건 아니고. 아까 종례 시간에 이야기한 미세먼지 줄이기 창작물 발표대회와 관련해서야."

"아, 네······."

축구 시합에 관한 것이 아니라는 선생님의 말씀에 규호는 실망한 말투로 대답했어요. 하지만 선생님은 차분하게 말씀을 이어나갔지요.

"지피지기면 백전백승이라는 말이 있듯이 전력분석관의 일 중 가장 중요한 것은 상대방의 정보를 모아서 분석하는 것이라고 할 수 있지. 현재 네가 축구를 즐기는 데 가장 방해가 되는 것이 무엇이라고 생각하니?"

"글쎄요. 다른 것도 열심히 하라는 엄마의 잔소리도 있고, 체육 시간에 축구만 하지 말고 다른 걸 하라는 여자아이들도 문제고. 아 그렇구나! 미세먼지도 있네요."

선생님의 말씀에 한참을 생각하던 규호는 그때서야 무언가 알았다는 듯이 대답했어요.

"그러니까 선생님은 제가 미세먼지에 대해서 자세히 알아보라는 말씀이지요?"

"응, 바로 그거야. 네가 축구를 즐기는 데 가장 방해가 되는 그것. 바로 미세먼지에 대해서 더 잘 알면 네가 축구를 즐기는 데 더 도움이 되지 않을까? 또, 전력분석관답게 너만 알지 말고 반 친구들에게도 알려서 창작물 발표대회를 준비하는 데 도움을 주면 더 좋고."

"네, 알겠습니다. 제가 열심히 알아볼게요. 그깟 미세 먼지 때문에 축구를 못 한다는 건 말도 안 되는 이야기라는 걸 아이들에게 확실하게 알려 주겠습니다!"

규호는 의욕에 차서 씩씩한 목소리로 말했어요.

"그래, 너만 믿으마. 선생님이 도와줄 일 있으면 언제든지 말하렴."

"네, 선생님!"

 ## 이게 다 미세먼지 때문이야.

"하아……."

규호는 침대에 털썩 누우며 한숨을 내쉬었어요. 선생님이 부탁하신 말씀을 기분에 휩쓸려 대답한 것은 아닌지 하는 생각이 들었거든요. 잘 할 수 있다고 자신 있게 대답은 하고 왔지만, 어디서부터 어떻게 시작해야 할지 막막하기만 했어요.

"엄마, 오빠 또 씻지도 않고 침대에 누웠대요!"

규호의 쌍둥이 동생 민채가 얄밉게 말했어요.

"오늘같이 미세먼지가 심한 날 씻지도 않고 침대에 올라가면 먼지가 이불에 묻잖니. 어서 샤워부터 하고 옷 갈아입으렴. 양치하는 것도 잊지 말고."

엄마가 규호에게 잔소리를 하자 민채가 혀를 쏙 내밀며 깐족거렸어요. 규호는 자신을 놀리는 민채의 모습에 반응조차 하기 힘들었어요.

"이민채, 나 지금 너랑 실랑이할 힘도 없거든? 제발 날 좀 가만 내버려 둬."

규호는 목욕도 깨끗이 하고 저녁밥까지 먹었지만 기분이 개운하지 않았어요. 머릿속은 미세먼지의 농도가 높은 날처럼 흐리멍덩했지요. 규호는 복잡한 머릿속을 정리라도 하려는 듯이 빗지 않아서 들뜬 머리를 손으로 계속 문지르면서 소리쳤어요.

"그래! 이게 다 미세먼지 때문이야."

"맞아, 미세먼지 때문이지!"

갑작스런 목소리에 깜짝 놀란 규호는 소리가 난 쪽을 바라보았어요. 규호의 책상 위에 처음 보는 새 한 마리와 토끼 한 마리가 규호를 쳐다보고 있었어요.

"너, 너희들은 누구야?"

"응, 난 카나리아. 그리고 얘는 토끼."

"그, 그건 나도 알겠는데 내가 묻는 건 너희들의 종을 묻는 게 아니잖아. 그러니까 너희들의 저, 저, 정체가 뭐냐고?"

"우리가 어떻게 사람처럼 말을 할 수 있는지 그건 궁금하지 않고?"

토끼가 기다란 귀를 팔랑거리며 되물었어요.

"아, 맞다. 그것도 궁금한데, 가만 이 밤중에 이렇게 나타나 갑자기 사람을 놀라게 하는 건 귀신밖에 없을 텐데. 호...혹... 혹시!"

규호가 한 걸음 뒤로 물러서며 겁에 질린 목소리로 말했어요.

"이거 서운한데. 고민에 빠진 널 도와주러 왔는데, 귀신 취급이라니. 뭐, 솔직히 사람들 상식으로 따지면 우리는 죽은 동물이니까 귀신이라고 해도 할 말은 없다만."

카나리아가 날개로 팔짱을 끼고 말했어요. 이때 토끼가 앞서 나와서 말을 이었지요.

"귀신이 됐건 유령이 됐건 우리를 뭐라고 부르는 게 중요한 일은 아니야. 우리가 어떤 일을 하는지가 중요한 거지."

토끼의 말에 규호가 놀란 마음을 다스리며 다시 물었어요.

"너희들 무슨 일을 하는데?"

"우리는 동물과 사람이 행복한 세상을 만들기 위해 노력하는 단체의 회원이야."

"무슨 단체 회원인 거야? 구체적으로 어떤 일을 하는데?"

"우리는 동물과 사람들이 깨끗한 공기 속에서 살 수 있도록 도와주는 일을 하지."

"근데, 내 앞에 왜 나타난 거야?"

"깨끗한 공기에 가장 큰 적이 바로 미세먼지거든. 미세먼지에 대해 알고 싶어 하는 사람들을 돕는 게 우리가 하는 일 중 하나야."

"그래? 그럼 나를 도와주러 왔다는 건 바로 미세먼지에 대해 알려 주려고 왔다는 거야?"

"뭐 간단하게 말하면 대충 그런 셈이지."

"이야! 말만 들어도 고맙다. 그럼 내가 어떻게 하면 돼?"

"백문이 불여일견이라고. 일단 우리랑 몇 군데 돌아다녀 보자. 미세먼지와 관련된 곳으로 말이야."

"지금 이렇게 늦은 시간에 어디를 간다고? 부모님께 허락부터 받아야 할 것 같은데……."

규호는 난감한 표정을 지으며 토끼와 카나리아를 쳐다보았어요.

"일단 영국부터 가 보려고 하는데…….

"영국이라면 축구 종주국이자 최고의 축구리그 잉글랜드 프리미어 리그가 있는 곳 말이지? 그렇다면 얼마든지 좋아! 얼른 가 보자고!"

규호가 싱글벙글한 표정을 지으며 말했어요.

"부모님께 허락받아야 한다면서?"

"아니, 그럴 필요 없어. 너희가 지금 여기 나타난 것만 봐도 특별한 능력이 있어 보이는데, 부모님 몰래 다녀오는 것도 가능한 거 아니야?"

"뭐, 그렇긴 하지만……."

바로 그때였습니다.

"아니, 잠깐! 오빠가 영국에 간다고? 나도 같이 갈래!"

규호의 방문 틈에서 이 상황을 몰래 엿듣고 있었던 민채가 방문을 열어젖히며 말했어요.

"너도 우리가 보여? 규호 외에 다른 사람에게는 보이지도 들리지도 않을 텐데. 너희 둘이 쌍둥이라서 그런지 뭔가 통하는 게 있나 보다!"

토끼가 의아해하며 말했습니다.

"뭐 오빠랑 통하는 게 하나도 없지만, 오늘은 그렇

다고 해 둘게. 오빠 혼자만 좋은 곳에 여행가는 걸 두고 볼 수 없거든. 나만 두고 가기만 해 봐. 오늘 학교에서 있었던 일 엄마한테 모두 말씀드릴 거야. 아직 모르시는 것 같던데 오빠가 간절히 원하는 국가대표 유니폼이…….”

“민채야 제발 그것만은! 얘들아 한 명 더 가도 괜찮겠지?”

규호는 두 손을 모아 보이며 토끼와 카나리아에게 부탁했어요.

토끼와 카나리아는 두 남매가 하는 행동에 어쩔 수 없다는 듯이 고개를 끄덕이며 말했어요.

“좋아. 그런데 여행 가기 전에 마스크 챙기는 거 잊지 말고.”

잠시 후 카나리아가 날개를 두어 번 세차게 휘젓기

시작했어요. 그러자 방 안에는 신기루 같은 연기가 일었답니다. 연이어 토끼가 자신의 키보다 높게 뜀박질을 했지요.

이윽고 규호의 방에는 알 수 없는 기운이 감돌았어요. 얼마간 시간이 지나자 규호와 민채의 모습이 점점 옅어지기 시작하더니 어느덧 둘의 모습은 방 안에서 사라지고 말았지요.

"여기가 정말 영국 맞아?"

마스크를 쓴 규호가 카나리아와 토끼에게 물었어요.

"응, 영국 런던이긴 한데, 지금의 영국은 아니고 1952년의 영국이야.

"근데 여기 왜 이렇게 황사가 심한거야? 아니 황사가 있을 때보다 더 어두운 것 같은데. 저기 봐! 낮인데도

차들이 헤드라이트를 켜고 다니잖아."

규호가 이상하다는 듯이 고개를 갸우뚱거리며 말했어요.

"황사라면 중국과 한국, 일본에만 영향을 미치는 게 아니었나?"

민채가 두 눈이 따가운지 끔벅이며 말했지요.

"응, 맞아. 황사는 고비 사막이나 타클라마칸 사막의 모래 먼지로 만들어지는 현상이라서 중국, 한국, 일본에 주로 영향을 미치지. 그래서 아시안 더스트(asian dust)라고 불리기도 하지. 아, 물론 북아프리카 사하라 사막에서도 황사 먼지처럼 이곳에 불어오기도 하지만 이번에는 아니야."

"그럼 뭔데?"

"이건 '스모그'라고 하는 건데……."

"아, 생각났다. 여기가 런던이니까 이게 그 유명한 런던 스모그인 거야?"

민채가 무언가 생각났다는 듯이 말했어요.

"응, 맞아. 스모그는 연기를 뜻하는 스모크(smoke)와 안개를 뜻하는 포그(fog)가 합쳐진 말이지."

카나리아가 날개 끝으로 동그라미 모양을 그려 보이며 말했지요.

"연기로 만들어진 안개라는 거야?"

규호는 손으로 마치 연기를 잡으려는 듯이 팔을 휘휘 저으며 말을 이어나갔어요.

"연기라고 하니까 갑자기 예전에 아빠가 해 준 이야기가 생각나네?"

"어떤 이야기인데?"

카나리아와 토끼도 규호의 갑작스런 말에 궁금증이

일었어요.

"아빠가 중학교에 다니실 때였는데, 어느 날 교실에 난로를 피웠대. 그런데 연통을 연결하는 부분에 새가 집을 지었다지 뭐야. 그래서 연기가 잘 빠져나가지 못했나 봐. 교실은 점점 뿌연 연기로 가득 찼고, 추운 겨울이었지만 어쩔 수 없이 창문을 열어 연기를 내 보내야 했지. 이때 사람들이 창밖으로 나온 연기를 보고 학교에 불이 난 줄 알았나 봐. 글쎄, 소방서에 신고를 해서 소방차 여러 대가 출동하고 난리도 아니었대."

"푸하하하!"

규호의 말을 진지하게 듣고 있던 일행이 모두 웃음을 터뜨렸어요.

"생각만 해도 눈이 다 매캐한 걸. 그래서 나중에 어떻게 됐는데?"

토끼가 귀를 쫑긋 세우며 물었지요.

"그 뒤에는 별것 아니었어. 교감 선생님께서 오시더니 이 교실에서는 도저히 수업을 못 할 것 같다고 학생들에게 빈 교실로 옮기라고 하셨대."

"사실 지금 규호가 한 이야기가 1952년의 런던과 비슷한 상황이야. 런던도 연기가 가득 차 있는 상태였거든."

"상황이 같다고? 왜 이런 일이 일어난 거야? 도시 안에 난로를 피워서 이렇게 될 리가 없잖아."

규호가 고개를 갸웃거리며 물었어요.

"아니야, 맞아. 난로 때문이야."

"말도 안 돼. 난로 좀 피웠다고 도시가 이렇게 된다는 게 말이 돼?"

민채가 조심스럽게 물었어요.

"저기 있는 모든 집들이 석탄으로 난로를 피운다면 어떻게 될까?"

"아니, 그래도 그렇지. 하늘이 이렇게나 넓은데 연기가 올라가면 다 흩어져서 사라져 버리잖아?"

규호가 양손을 펼치며 연기가 퍼지는 모습을 흉내 내며 말했지요.

"당시 런던은 날씨가 추운 상태였어. 그래서 연기가 하늘로 올라가지도 못 하고 퍼지지도 못 했지. 게다가 연기와 이산화 황 가스가 안개와 뒤섞여서 앞이 보이지 않는 상황이 된 거야. 이 중에서 이산화 황 가스는 미세먼지의 중요한 구성 성분 중 하나로 손꼽혀."

"그렇다면 이산화 황 가스로 이루어진 미세먼지가 런던에서는 어떤 일을 일으켰는데?"

규호가 다시 물었어요.

"가장 먼저 피해를 본 게 소들이었어. 스모그가 심각해지자 가축 품평회를 하려고 모였던 영국 전역의 건강한 소들이 거친 호흡을 해댔지. 그러다가 결국 십여 마리는 죽음에 이르게 되었어."

카나리아가 대답을 마치자 토끼가 연이어 말하기 시작했어요.

"그래, 사람들이 만들어 낸 환경오염은 동물들에게도 큰 피해를 준대. 멕시코시티 같은 곳에서는 동시에 수천 마리의 새가 중금속 성분이 포함된 미세먼지 속을 날아다니다가 죽은 일도 있었어."

카나리아와 토끼의 표정은 왠지 서글퍼 보였어요. 분명 무슨 이유가 있는 것 같았지요. 규호는 물어보고 싶었지만 옆에서 민채가 말렸어요.

잠깐 동안 정적이 흐른 뒤 카나리아가 다시 말을 하

기 시작했어요.

"어머, 내 정신 좀 봐. 런던 스모그 이야기를 하던 중이었지. 당시 소들이 사망한 것은 시작에 불과했어. 런던 스모그는 4일 동안 지속되었는데, 식사를 준비하거나 목욕을 하는 등 일상생활을 하다가 심장마비로 쓰러

지는 사람들이 갑자기 많아졌어. 그리고 평소보다 사망률이 3배나 올랐지. 결국 4일 간의 스모그로 4,000여 명의 사람들이 사망했어."

"아……."

엄청난 숫자에 민채와 규호는 순간적으로 할 말을 잃

어버리고 말았어요. 잠시 정적이 흐르던 사이 규호가 조심스럽게 말문을 열었지요.

"그런데, 요즘은 가정집에서 가스보일러를 많이 사용하지 석탄이나 연탄보일러는 잘 사용하지 않잖아. 런던 스모그와 같은 일이 더 이상 생겨나진 않을 것 같은데?"

"맞아, 지금 런던의 모습처럼 되는 일은 없을 거야!"

민채도 규호의 말에 맞장구쳤어요.

"그래, 너희 말이 맞아. 1952년의 런던에서 있었던 일은 일어나지 않을 가능성이 많아. 일어나서도 안 되고. 정부에서 환경을 위해 법을 고치는 노력을 하고, 미세먼지를 줄이기 위한 여러 대책을 내 놓고 있으니까."

카나리아가 대답했어요.

"하지만……."

토끼가 두 귀로 가위표를 만들며 이야기를 시작했지요.

"연탄보일러의 사용은 줄었지만 완전히 없어지지는 않았어. 집에서 난방용으로 사용하지는 않지만 아직도 석탄을 많이 사용하는 데가 있거든."

"아직도 석탄을 쓰는 곳이 있다고?"

규호가 궁금해 하는 표정으로 물었어요.

"글쎄, 궁금한 것은 네가 직접 알아보렴."

토끼가 규호에게 말했지요.

"와, 나 방금 소름 돋았어! 토끼 너 우리 엄마랑 똑같은 말 한 거 알아? 우리 엄마도 네가 했던 말을 하시거든."

규호가 엄마 목소리 흉내를 내며 말했어요. 그러고는 이내 민채와 함께 석탄을 많이 사용하는 곳이 어디인지 생각에 빠졌지요.

"아, 잘 모르겠어. 힌트 좀 줘. 초성만이라도 알려 줘."

민채가 말했습니다.

"초성은 'ㅈ', 'ㄱ'이야."

"'ㅈ', 'ㄱ'이라면 '자기'?"

"오빠, 그건 좋아하는 사람들끼리 서로 부를 때 하는 말이잖아."

"그럼, 조기."

규호가 아무 말이나 내뱉자 민채가 규호의 등을 치며 말했어요.

"그건 오빠가 좋아하는 생선이고."

등짝을 얻어맞은 규호는 무언가 떠올랐다는 듯이 외쳤어요.

"아, 맞다 전기! 그래 수력 발전소."

규호의 말에 모두들 당황한 표정을 지었어요.

"표정들이 왜 그래? 너무 쉽게 맞추니까 놀랐지 그치?"

이때 민채가 어이가 없다는 듯이 고개를 내저으며 반박했어요.

"아니야, 오빠. 수력 발전소는 물이 떨어지는 것을 이용해서 전기를 만들잖아. 수력 발전소가 아니라 화력 발전소겠지. 화력 발전소가 석탄을 이용해서 전기를 생산한다는 뜻이잖아."

"여기를 봐! 화력 발전소는 서울 근처에는 없지만 경기도의 아래쪽 충청남도에는 화력 발전소가 많아."

카나리아가 왼쪽 날개를 펼쳐 지도를 보여 주여 말했어요.

"우아, 그런 걸 어떻게 다 알아?"

"흐흠, 내가 이래봬도 카나리아계에서 독서왕이거든."

이렇게 말하면서 카나리아는 왼쪽 날개 안에 숨겨 둔 독서왕 왕관을 꺼내 머리에 썼어요.

"역시, 책 읽기가 중요해."

"그럼, 우리나라에 있는 발전소만 전부 없애면 미세먼지 문제가 다 해결되는 거네."

규호가 카나리아에게 물었어요.

"전부는 아니지만 많이 개선은 되겠지. 거기다 나무를 많이 심는다면……."

카나리아가 지도를 집어넣으며 말했어요.

"그러면 그렇게 하면 되잖아."

규호가 다시 되물었지요.

"그럼 오빠 우리가 사용할 전기가 부족해지는 거 아니야?"

"민채 말이 맞아. 발전소를 줄이는 게 해결 방법은 될 수 있지만 부족한 전기 문제는 어떻게 해결해야 할까?"

토끼가 앞다리를 꼬아 팔짱을 끼고 말했어요.

"예전에는 원자력 발전이 그 대안이었어. 그런데 2011년에 있던 동일본 대지진 이후에는 사람들이 원자력 발전의 위험성을 알게 되었어. 그렇지만 아직 풍력과 태양광 같은 재생에너지는 아직 화력 발전을 대신하기에는 많이 부족하지."

"그럼 우리가 할 수 있는 일이 없는 거야?"

규호가 약간 풀이 죽은 듯이 말했어요.

"아니야, 사람들이 모두 조금씩 전기를 아껴 쓴다면 화력 발전소의 가동률을 낮출 수 있어."

"그런 방법이 있구나. 그렇게 하면 미세먼지 발생량을 줄일 수 있을지도 몰라."

규호는 뭔가 알았다는 듯이 고개를 끄덕였어요.

어느새 바람이 불어왔어요. 뿌연 안개가 꼈던 런던 시내가 맑아지고 있었지요.

"이제 바람이 불기 시작하면서 스모그가 사라지고 있네. 이 곳에서는 충분한 것 같으니 오늘은 이만 돌아가자. 다른 곳에도 들러야 하니까."

"또 간다고? 그래, 좋아. 근데 나 부탁이 있는데……."

규호가 몸을 배배 꼬며 말했어요.

"여기까지 왔는데 유명 축구 경기장 한 번만 보고 가면 안 될까?"

그러자 민채 역시 질 수 없다는 듯이 말했지요.

"나야말로 런던까지 왔는데 런던의 상징 빅벤을 배경

으로 사진 한 장쯤은 필수지, 필수!"

카나리아와 토끼는 못 말리겠다는 듯이 말했어요.

"그래, 그 정도야 뭐. 근데 친구들한테 그 사진 보여 주면 안 된다. 너희가 곤란한 상황에 처할 수도 있어."

그러자 민채와 규호는 키득거리며 함께 소리쳤어요.

"괜찮아. 친구들한테는 합성이라고 하면 돼. 크크."

 ## 신기하고 매캐한 도시 여행

"이제 어디로 가는 거야?"

민채가 주머니 속에서 마스크를 꺼내 코에 밀착시키며 묻자, 토끼가 대답했어요.

"오늘은 로스앤젤레스에 가보려고 해."

"로스앤젤레스라면 LA아냐? 홍명보 선수가 뛰었던 팀이 있는 곳이지."

규호가 어깨를 으쓱하며 말했어요.

"보통 LA라고 하면 한인 타운이나, 박찬호, 류현진 선수가 활약한 야구팀을 먼저 이야기하는데, 규호 넌 참 일관성이 있구나."

규호와 민채, 토끼를 태우고 유유히 날아가고 있던 카나리아가 한 마디 덧붙였지요.

"일관성? 좋은 의미로 한 말 맞지?"

규호가 발끈하며 묻자 카나리아가 대답했어요.

"그래, 그렇다고 해 둘게. 너의 한결같은 태도를 칭찬하는 거니까. 그건 그렇고 이제 거의 목적지에 다 왔어."

이때 토끼가 귓속에서 안경을 꺼내 규호와 민채에게 나누어 주었어요.

"이건 뭐야?"

규호가 토끼에게 건네받은 안경을 요리조리 살펴보며 물었지요.

"눈을 보호하기 위해 쓰는 거야. 우리 곁에 있으면

미세먼지나 스모그의 영향을 전혀 받지 않지만, 혹시나 모를 상황에 대비해서 보호 안경과 마스크를 쓰는 거지."

"런던 갔을 때는 보호 안경까지 쓰지는 않았잖아."

"자세한 이야기는 땅에 내려가서 이야기할 거야. 런던과 LA는 좀 다른 경우라서 말이지."

"근데 여기는 런던만큼 춥지 않은데?"

민채가 주위를 두리번거리며 말했지요.

"스모그나 미세먼지 농도는 기온이 낮거나 오르는 일과는 별로 상관없어. 바람의 영향을 많이 받기는 하지만, 태풍이 불어올 때는 미세먼지 농도가 확 낮아지잖아. 강한 바람에 휙 하고 다 날아가서 말이야."

카나리아가 날개를 펴서 바람에 몸을 살짝 띄었다가 내려앉으며 말했어요.

"참, 어려운 문제네. 매번 태풍이 오길 바랄 수도 없는 노릇이고…….”

규호가 심각한 표정을 지으며 말했지요.

“큼큼. 여기는 현재 1943년 7월 26일 LA야.”

토끼가 주위를 환기시키며 이야기를 시작했어요.

“이때는 제2차 세계대전 중이었어. 일본이 진주만을 공습해서 미국이 전쟁에 적극적으로 참여한 지 2년이 채 안 된 시기였어.”

“이번 미세먼지는 전쟁과 관련되는 거야?”

민채가 궁금하다는 듯이 물었습니다.

“사실 그건 아니고 스모그가 일어난 날 새벽, 사람들은 일본군의 공습을 받았다고 생각했거든. 공기 중의 매캐한 냄새가 너무 심해서 화약 냄새라고 생각했지.”

토끼가 이야기를 진중하게 듣고 있는 민채를 바라보

며 답했지요.

"근데 아니었어?"

민채는 놀랐다는 표정으로 토끼를 바라보았어요.

"아니었어. 사실은 그게 사람들은 더 두렵게 했지. 하늘은 뿌옇고 공기에서는 냄새가 났으니까."

"그래서 어떻게 되었는데?"

"그 뒤의 이야기는 런던과 비슷하면서도 달라. 수많은 환자들이 발생했는데, 런던에서는 별로 없었던 눈병 환자들이 많이 발생했어. 그리고 가로수도 말라죽었고. 런던과 마찬가지로 LA도 그런 현상이 여러 번 반복되었어."

"어째서 그런 일이 일어난 거야?"

규호가 궁금하다는 표정을 지으며 물었어요.

"LA는 런던처럼 날씨가 추워서 난방을 하는 지역이

아니야. 그럼 미세먼지를 만들어 내는 것이 무엇이었을까?"

카나리아가 아이들에게 질문을 던졌지요.

"너희들 퀴즈 참 좋아하는구나."

민채가 골똘히 생각하는 표정으로 입술을 톡톡 치면서 말했어요.

"그냥 묻는 것보다 퀴즈를 내면 재밌잖아. 바로 알려주는 것보다 생각해서 답을 찾아내는 게 더 유익하니까."

카나리아가 두 날개로 팔짱을 끼고 말했어요.

규호와 민채는 서로 얼굴을 쳐다보며 곰곰이 생각에 잠겼어요.

"혹시 공장의 매연 때문이 아닐까? 난방은 아니라고 했고, 발전소도 지난번 런던에서 이야기했으니까. 미세먼지의 발생 원인 중 하나라면 공장에서 나오는 매연 때문일 것 같은데?"

"매연은 아니야. 처음에는 쓰레기 소각장이 원인이라고 생각했고, 그 다음에는 공장들을 조사했지만 그것도 LA 미세먼지의 원인이 아니었어."

토끼가 귀로 가위표를 만들면서 말했어요.

"그럼 혹시 자동차?"

규호가 조심스럽게 말했지요.

"우아! 어떻게 알았어?"

"흐흐, 눈앞에 자동차가 많이 다녀서 그냥 한번 찍어 보았어."

"하여튼 오빠는 찍는 데 선수라니까. 그리고 보니 예전에 자동차 배기구에 하얀 천을 대어 실험을 한 적이 있어. 그때 천 주위가 까맣게 변한 걸 봤거든. 그게 다

결국은 먼지가 묻어서 그런 건가 봐."

민채가 자못 심각한 표정으로 말했어요.

"보다시피 LA는 자동차가 많은 도시야. 자동차에서 나온 연기가 도시 안에 쌓이고 연기 속의 질소 산화물이 자외선과 만나면서 변화를 일으키며 발생한 거야."

카나리아가 마저 설명했어요.

"아, 정말 어려운 문제 같아. 지난번처럼 '차만 줄이면 되겠네'라고 단순히 말 할 수 있는 수준이 아닌 것 같은데."

규호가 미간을 찌푸리며 말했어요.

"차를 없앨 수 없으니까 LA같은 곳에서는 대중교통을 이용하는 게 미세먼지 줄일 수 있는 방법이겠네."

민채가 자동차 운전을 하는 시늉을 하며 말했지요.

"우리가 설명해 주지 않아도 잘 알고 있구나. 자동차

는 타이어가 닳아서 생기는 마모, 제동장치 사용 시 생기는 미세가루, 자동차가 달릴 때 타이어가 도로 면과 마찰하며 생기는 먼지 등으로 미세먼지를 만들어 내기도 해."

"아, 그게 미세먼지와 스모그의 다른 점인가?"

민채가 궁금증이 가득한 표정으로 물었어요.

"응, 좀 다르다고 할 수 있지. 스모그는 자동차나 공장 등에서 나온 매연이 안개와 결합된 형태인데, 그 안에는 엄청난 양의 미세먼지를 포함하고 있다고 생각하면 돼."

"어떤 것은 스모그이고, 어떤 것은 미세먼지 농도가 높다고 구분하는 것은 큰 의미가 없어. 예방 방법이나 대처 방법도 비슷하거든."

"아, 모두 대기오염에 포함된다는 거야?"

규호가 알겠다는 듯이 고개를 끄덕였습니다.

"맞아, 덧붙여서 요즘 여러 나라에서는 미세먼지나 초미세먼지에 대해 많은 연구를 하고 있지."

카나리아가 다시 말을 시작했습니다.

"왜 연구까지 하는 거야?"

"미세먼지나 초미세먼지가 원인이 되어 사람들이 많은 병을 앓기 때문이지."

"어떤 이유로 병이 생기는 건데?"

민채가 물었습니다.

"사람이나 동물의 몸은 기본적으로 먼지를 포함한 자신의 몸에 들어온 해로운 물질을 걸러 내고 밖으로 배출하는 능력을 가지고 있어. 그런데 산업이 발달하면서 새롭게 생겨난 미세먼지나 초미세먼지는 사람의 방어막들을 지나쳐서 들어오거든. 크기가 너무 작아서 인체

기관에서 미처 못 걸러내는 거야. 그런 나쁜 물질이 몸속에 들어와서 각종 질병을 일으키고, 면역력을 약화시켜서 병이 있는 사람의 사망률을 높이기도 해."

"아, 그래서 미세먼지 농도가 높은 날 야외 활동을 하지 말라고 하는 거였구나."

규호가 이제야 알았다는 듯이 말했어요.

"응, 맞아. 특히 몸에 나쁜 중금속 미세먼지는 땅에 가까운 쪽에 쌓이기 때문에 어른보다는 면역력이 약한 어린이들에게 더 치명적일 수 있어."

"그럼, 축구 좋아하는 오빠는 집에서 축구 중계만 봐야겠는걸."

민채가 규호를 놀리며 말했습니다.

"민채 너 자꾸 오빠 놀릴 거야? 귀찮게 할 거면 다시 집으로 가!"

티격태격하는 민채와 규호를 말리며 카나리아가 다시 말을 이어나갔지요.

"자자, 싸우지 말고. 내 말 끝까지 들어 봐. 바깥 미세먼지 농도가 높은 날에는 집에 있는 게 건강을 위해 좋겠지. 그런데 평소에 집 안의 미세먼지를 줄이는 것도 중요해."

"집 안에도 미세먼지가 있어? 말도 안 돼. 요즘 집에서 석탄으로 난방을 하지도 않고 집 안에서 자동차를 타는 것도 아니잖아. 맞다! 사촌 동생이 집 안에서 붕붕카 장난감을 타기는 하지만, 그 차는 매연이 나오지 않으니까. 대신 밀어 주는 사람이 땀을 흘리겠지. 헤헤."

규호가 장난기가 가득한 표정으로 말했습니다.

"그럼 이렇게 생각해 볼까? 부모님이 환기를 시키시거나 환풍기와 레인지 후드를 꼭 켜 놓으실 때가 있지,

그게 언제야?"

"음, 일단은 청소할 때 엄마가 문을 열어 놓으셔."

민채가 곰곰이 생각하는 얼굴로 말했어요.

"아빠가 생선 구워 드실 때, 그 때는 꼭 환기를 시키지 않지만 레인지 후드를 꼭 켜 놓으시지."

규호가 말을 이었습니다.

"아, 맞다! 옷 정리할 때 엄마가 먼지 많이 난다고 창문 열고 마스크를 쓴 걸 본 적 있어. 그러고 보니까 집에서 먼지가 나는 경우가 의외로 많네."

"대부분 잘 알고 있구나. 사람들이 집 안에서 움직일 때 먼지들이 따라 이동하기도 하고, 가구나 전자기기에서 지속적으로 미세먼지가 발생하기도 하지."

"그런데 고등어가 문제라는 걸 들은 적이 있어. 왜 그런 거야?"

규호가 말을 덧붙이며 말했습니다.

"고등어 자체는 문제가 되지 않아. 그런데 고등어를 구울 때 미세먼지가 많이 발생하는 게 문제야. 사실 고등어를 굽는 것 자체의 문제는 아니고, 거의 대부분 요리를 할 때 미세먼지가 생겨나. 그 중에서 기름을 많이 사용하는 요리들이 미세먼지를 많이 만들어 내지."

"그리고 너희들이 좋아하는 삼겹살도 마찬가지야."

"아아, 삼겹살. 생각만 해도 군침이 돌아."

"반찬이 궁하다 싶으면 엄마가 만들어 주시는 계란 프라이도 모두 미세먼지를 만들어 내지."

"하…. 셋 다 모두 맛있는 건데. 이제 밥은 뭐랑 먹어야 하나?"

"근데 어른들이 삼겹살은 목에 붙은 미세먼지를 없애는 데 도움이 된다고 하더라. 예전에 탄광에서 일하시던 광부들이 많이 먹었대.

"나도 그 이야기는 들어 본 적이 있어. 근데 그건 과학적으로 증명된 것은 아니야. 그리고 집 안에서 미세먼지가 발생한다고 해서 런던이나 LA 만큼 큰 문제가 되지 않아."

"그럼 해결 방법이 있다는 거야?"

"그야, 창문을 열면 되지."

"에이, 그게 뭐야?"

"창문을 열고 환풍기를 틀어 놓으라는 거지."

"맨날 엄마가 말씀하시는 거잖아."

"근데 그게 정답이야. 그 외에 청소기보다는 물을 살짝 뿌린 다음, 걸레로 깨끗이 닦아 내는 게 집 안의 미세먼지를 없앨 수 있는 방법이야."

"쉬운 듯한데 꾸준히 할 수 있을지는 모르겠다. 근데

먹는 이야기를 자꾸 했더니 배고프지 않니? 오늘은 부모님을 졸라서 삼겹살 좀 구워 먹어야겠다."

규호는 삼겹살 먹을 생각에 기분이 좋아진 듯 웃으며 말했습니다.

"먹고 나서 환기는 꼭 할게."

"아니, 환기는 내가 할거야. 오빠는 걸레질해. 그게 훨씬 힘들거든."

"그래 내가 할 테니까. 일단 돌아가서 밥부터 먹자고!"

"자자, 우리에게 남은 시간이 그리 많지 않아. 삼겹살은 집에 돌아가서 실컷 먹어도 되니까. 자, 어서 내 등에 올라타도록!"

카나리아는 아이들을 재촉했어요. 그러더니 날개를 활짝 펼친 다음 아이들과 토끼를 태우고 천천히 날아오르기 시작했지요.

 맑은 공기를 찾아서

규호와 민채는 카나리아, 토끼와 함께 영국과 LA에 이어 테헤란, 베이징, 뉴델리, 멕시코시티 등 미세먼지 문제가 심각한 도시들을 잠깐씩 둘러보았지요.

그러던 어느 날이었었어요.

"오늘이 우리가 함께 여행을 떠나는 마지막 날이야."

토끼가 나직한 목소리로 이야기했지요.

"아니 왜?"

아이들은 갑작스런 토끼의 말에 당황스러웠어요. 비

록 미세먼지가 심각한 도시들을 둘러보기는 했지만, 밤마다 다양한 나라로 여행을 다니는 것이 무척 재미있었거든요. 그리고 긴 시간은 아니었지만 여행을 통해 카나리아와 토끼에게 정이 들었기 때문이었지요.

"아직 우리가 도와주어야 할 사람, 미세먼지의 심각성에 대해 알려 줘야 할 사람들이 많이 있어."

"아……. 너희들이 해야 할 일이 있으니까. 조금 섭섭하지만 그래도 가끔은 우리를 만나러 올 거지?"

"당연하지. 우린 친구잖아."

"그러면 우리 마지막 여행지로 떠나 볼까?"

카나리아와 토끼가 아이들을 데리고 온 곳은 어두컴컴한 탄광이었어요.

"여기는 예전에 탄광을 이용해서 만든 관광지잖아. 여기는 왜 갑자기 온 거야?"

규호가 주변을 두리번거리며 말했어요.

"일단 오늘은 먼저 편안하게 탄광지 구경 좀 할까? 자세한 이야기는 나중에 할게."

규호와 민채는 토끼와 카나리아의 행동이 평소와는 뭔가 다른 것 같아보였어요. 하지만 토끼와 카나리아도 마지막 여행이라서 울적한 기분이 들었나 싶은 생각에 일단은 아무 말도 하지 않은 채 뒤를 따랐지요.

막상 동굴 안에 들어가 보니 빛을 이용한 다양한 볼거리가 있었어요. 동굴 안에서만 사는 물고기들도 있었고, 예전의 탄광이었던 것을 기념하는 작은 박물관도 있었지요. 규호와 민채는 동굴 안의 모습들을 모두 관람을 한 뒤 전망대에 올랐어요.

"여기 올라오니까 기분이 참 좋다."

"맞아. 동굴 안이 볼거리는 많았지만, 왠지 땅 속이라

그런지 무섭고 으스스한 게 좀 춥기도 했어."

규호와 민채는 동굴을 둘러본 소감을 이야기하다가 아무 말 없이 조용히 있는 카나리아와 토끼를 바라보았어요.

"근데 오늘 여기에 온 특별한 이유가 있는 거야?"

민채가 조심스럽게 물었어요.

"나는 예전에 광산 마을에 살았어."

카나리아가 조용하고 나직한 말투로 이야기를 하기 시작했어요.

"지금은 기술이 발달해서 동굴이나 탄광 안의 공기에 문제가 생기면 감지기가 바로 알려 주지. 하지만 옛날에는 그런 기술이 없었어. 그래서 광부들은 탄광 속 공기에 문제가 생기는 것을 알기 위해 카나리아를 새장 속에 넣어서 탄광 안으로 들어갔단다."

카나리아는 말을 잠깐 멈추었다가 다시 이었어요.

"광부들은 탄광 안에서 작업을 하다가 카나리아가 쓰러진 것을 확인하면 부리나케 탄광을 탈출했어. 맑은 공기가 있는 곳으로 말이야. 그러지 않으면 자신들도 카나리아와 똑같은 신세가 된다는 것을 알았거든."

카나리아는 당시 있었던 일을 떠올리는 게 힘들어 보였어요. 그 모습을 본 토끼가 카나리아에게 좀 쉬라는 듯 등을 토닥토닥 두드려 주었지요. 그런 다음 토끼도 자신이 겪었던 이야기를 하기 시작했어요.

"나도 카나리아와 비슷한 일을 겪었어. 다른 점이 있다면 내가 있었던 곳은 잠수함이었지. 잠수함 속에서 내가 숨을 쉬지 않으면 사람들은 급히 잠수함을 바다 위로 부상시켜야 했어."

규호와 민채는 카나리아와 토끼의 슬픈 사연을 듣고

무슨 이야기를 해야 할지 알 수 없었어요. 그러자 조용히 카나리아가 말을 이었지요.

"우리는 비록 생명을 잃었지만, 수많은 사람들의 목숨을 살릴 수가 있었어. 그리고 살아남은 사람들은 맑은 공기의 소중함을 깨달았을 거야. 물은 골라서 마실 수가 있지만, 공기는 골라서 마실 수가 없잖아. 대부분의 사람들은 그런 사실을 자꾸 잊어버리고 살지."

"맞아. 그깟 미세먼지 하면서 말이야. 탄광 속과 잠수함이라면 맑은 공기를 찾아 갈 수 있지만, 사람들은 미세먼지 때문에 자신이 사는 곳을 떠날 수는 없잖아.

토끼가 앞발을 곧추 들고 바로 서서 이야기를 계속해 나갔어요.

"그렇다면 미세먼지를 줄이는 방법과 자신의 건강을 지키는 방법을 실천해야만 해. 근데 많은 사람들이 그

렇게 못하고 있지. 그 사실이 우리를 너무 슬프게 해. 그래서 우리는 조금이라도 사람들에게 공기의 소중함을 일깨워 주려고 이 일을 하고 있어."

"너희들 정말 대단하구나. 그렇게 속 깊은 생각을 하다니 말이야. 난 너희들 노력 덕분에 미세먼지 무식자에서 벗어났어."

규호는 마음속 깊이 감동한 얼굴로 말했습니다. 이어서 민채도 말을 이었습니다.

"나도 미세먼지는 과학기술이 발달하고 나라 사이에서 해결해야 할 일로만 생각했어. 개인이 할 수 있는 일은 별로 없다고 생각했는데, 너희랑 함께 지내면서 그렇지 않다는 걸 알게 되었어. 다 너희들 덕분이야. 고마워."

"그렇게 말해 주니까 정말 뿌듯한걸."

민채의 칭찬에 카나리아는 어깨를 으쓱거려 보이며 말했지요.

"우리는 이제 다른 사람들을 만나기 위해 떠나지만 너희들이 우리의 뜻을 계속 이어 나가 주었으면 해."

"당연하지. 사람들에게 미세먼지에 대해서 많이 알리도록 할게."

"그래, 고마워. 그럼 다음에 만날 때까지 안녕!"

"그래 잘 가. 해외여행 많이 시켜 줘서 고마웠어!"

그렇게 카나리아와 토끼는 떠났지만, 규호와 민채에게는 꼭 해야만 하는 일이 남았어요.

 매일 축구를 할 수 있는 그날까지

드디어 미세먼지 줄이기 학생 창작물 발표 대회 날이 되었어요.

학교에 도착한 규호는 준비해 온 자료를 차곡차곡 책상 위에 올려 두었지요. 이때 교실에 도착한 서준이가 규호에게 다가오며 말했어요.

"이규호, 웬일이야? 이 시간에 교실에 다 와 있고."

"선생님께서 우리 반 최고의 전력분석관인 내게 특별 임무를 부탁하셨고, 나는 그 임무를 수행하려는 거지."

"전력분석관? 그게 뭔데?"

"이리 와서 직접 보면 알잖아."

"음, 전부 미세먼지에 관한 자료들이네. 아, 그러고 보니까 오늘 학생 창작물 발표 대회가 있는 날이구나. 까맣게 잊고 있었어."

"그럴 줄 알았지. 그걸 예상해서 선생님께서 정보 수집에 일가견이 있는 나에게 자료를 특별히 조사해서 아이들을 도우라고 하셨거든."

"에이, 설마. 지난번에 지민이랑 다툰 것 때문에 미세먼지에 대해서 공부 좀 하라고 시키신 게 아니고?"

"아, 그런가. 우리 선생님이 그러실 분이 아니시지 않니?"

"음, 내 생각에는 충분히 그러실 분이시거든. 학생의 부족한 점을 스스로 찾아서 보충하게 만드는 데 소질이 있으시잖아."

규호는 선생님께 속은 건가 하는 생각에 일순간 시무룩해졌어요.

"근데, 이규호. 이거 전부 네가 조사한 거야?"

갑작스런 목소리에 고개를 들어 보니, 지민이가 규호가 가지고 온 자료를 들고 있었지요.

"그럼, 당연히 내가 했지 누가 했겠니?"

"민채가 해 준 건 아니고?"

"민채가 조금 도와주기는 했지만, 대부분 내가 조사했어. 정 궁금하면 민채한테 물어보면 되잖아?"

규호는 시큰둥한 목소리로 말했습니다. 선생님께 속아서 조사한 것도 억울한데, 잔소리꾼에 울보인 지민이가 의심을 하니 기분이 더 나빠졌어요.

"워워. 흥분하지 말고, 네가 조사해 온 자료가 정말

좋아서 그래. 네가 준비한 자료를 글자 도안하는 데 참고해서 대회에 내 볼까 했거든. 근데 이 자료 내가 써도 될까?"

"아, 그랬구나. 내 자료가 좋다면 얼마든지 써도 돼. 그러려고 가져온 거야."

규호는 조사해 온 자료가 좋다는 지민이의 말에 금세 기분이 좋아졌어요.

잠시 후, 아이들은 삼삼오오 규호가 가져온

자료를 뒤적거리고 있었어요.

"오, 이규호. 너 진짜 다시 봐야겠는걸!"

"난 이거 할래. '마스크를 사용하시려면 KF80, KF94를 확인하세요.' 이걸로 공익 광고를 만들어야지."

수하가 신이 나는 듯 어깨를 위아래로 으쓱거리며 말했지요.

"그럼 난 이거 해야지! '미세먼지는 우리들도 괴로워요!'하면서 동물들이 마스크 쓰고 있는 포스터를 그려 볼 거야."

서윤이가 동물 그림이 그려져 있는 마스크를 쓰면서 말했어요.

"난 이거 재밌겠다. '굴 껍데기로 미세먼지를 줄여요' 이 문구를 이용해서 신문 기사를 만들면 재밌을 것 같아."

민서가 눈을 반짝거리며 말했답니다.

"음, 그렇다면 나는 '세계의 미세먼지 뉴스' 이렇게 해서 베이징, 델리, 테헤란 편을 만들어야겠다.

저마다 규호의 자료를 가지고 어떤 창작물을 만들지

골똘히 고민했어요. 그 모습을 본 규호는 뿌듯함과 자랑스러운 기분이 마음속에 가득 찼지요. 선생님께서 왜 자신에게 이런 일을 시켰는지 어렴풋이 알 것만 같았어요. 아까 선생님을 향했던 서운한 생각도 멀리 사라져 버렸지요. 그 순간, 규호는 엄마의 말씀이 떠올랐어요.

"다른 것도 축구 반만이라도 열심히 해 보면 좋을 텐데……."

규호는 축구를 할 때 항상 즐거운 생각이 들었어요. 하지만 축구 말고도 이렇게 재미있는 일이 있다는 것을 깨닫게 되었지요. 왠지 어깨가 으쓱해지는 기분도 들었고요.

규호가 흐뭇한 웃음을 짓고 있을 때 한참 전부터 규호와 아이들을 바라보고 계시던 선생님이 규호에게 다가오셨어요.

"규호가 잘하리라고 생각은 했지만, 예상보다 훨씬 잘했는걸."

"네, 아이들이 제 자료를 이렇게 좋아해 줄지 몰랐어요."

"근데 규호야, 다른 아이들에게 네 자료를 모두 나누어 주면 너는 할 게 없지 않겠어?"

"아니에요. 저는 따로 생각해 둔 게 있어요."

"오, 다시 한 번 규호에게 기대하게 되는걸?"

"에이, 선생님. 너무 기대는 하지 마세요. 제가 그림이나 만들기는 잘 못 해서요."

"흠, 선생님도 너에게 미술도 잘하는 구나, 이런 거짓말을 할 수는 없구나."

"네, 흐흐. 그냥 즐겁게 해 보려고요."

아이들은 각자 미세먼지에 대한 자신의 생각을 살려

각종 창작물을 만들었어요. 규호도 큰 종이상자와 색지를 이용해서 무언가를 만들기 시작했지요.

"규호야, 이게 뭐야?"

"아, 이거 축구 경기장인데……."

현빈이가 교실에 앉아 있는 반 아이들을 힐끗 보더니 말했어요.

"이야, 역시 이규호야! 다른 사람들한테는 미세먼지에 관한 자료들을 주더니 결국 자기는 축구장을 만들고 있네."

규호는 현빈이가 한 말에 내심 머쓱한 기분이 들었지만 속으로는 뿌듯했답니다.

"장현빈, 너 성격 한번 급하구나. 정수기에서 숭늉 찾을 기세야. 좀 기다려 줄래? 아직 만드는 중이잖아."

규호는 기대에 부풀어 있는 현빈이에게 부탁했어요.

그런 다음 다른 아이들이 뭐라고 하든지 말든지 열심히 만들기에 열중했지요.

만들기가 끝나자 아이들은 자신이 만든 창작물을 뽐내기 시작했어요. 먼저 별명이 먹보인 유준이가 발표를 했지요.

"저는 표어를 만들어 보았습니다. '음식은 맛있게 냠냠, 환기는 시원하게 활짝.' 이렇게 만들어 본 이유는 제가 좋아하는 고등어구이가 미세먼지를 많이 만들어 낸다고 합니다. 그렇지만 실내에서 요리할 때 나오는 미세먼지는 환기만 잘 하면 아무 문제가 없다고 하네요. 그래서 이렇게 표어를 만들어 보았습니다."

"저는 '작은 불편이 미세먼지를 줄인다'는 제목으로 주장하는 글을 써 보았습니다. 그 내용은 승용차보다는 대중교통을, 겨울철에 난방을 하기보다는 내복 입기, 여름철에 에어컨을 켜기보다는 부채나 선풍기 이용하기와 같이 전기를 절약하면 미세먼지 발생을 줄일 수 있다는 내용입니다."

세연이가 자신의 글에 대하여 발표를 했어요. 아이들은 각자 자신들의 생각을 담은 창작물에 대해 이야기했지요.

드디어 마지막으로 규호의 차례가 되었어요. 규호는 축구 경기장 모양의 큰 상자를 들고 나왔답니다. 상자에는 큰 기둥들이 세워져 있었어요.

"저는 축구 경기장을 만들어 보았습니다. 왜냐하면 제가 축구를 무척 좋아하기 때문입니다. 하지만 요즘처럼 미세먼지가 농도가 나쁜 날이 많아져서, 축구를 하지 못해 안타까웠습니다.

아이들은 규호가 하는 말에 수긍한다는 듯이 고개를

끄덕였습니다.

"게다가 프로 축구 선수들은 미세먼지 농도가 매우 나쁨이라고 나와도 경기를 하고 있는 상황입니다. 그렇게 되면 축구 선수들은 나쁜 공기를 더 많이 마시게 될 것이고, 축구 경기를 관람하는 관중들도 미세먼지를 많이 마시게 될 것입니다. 그래서 저는 그것을 해결하기 위해 자료를 찾았습니다. 그러다 외국의 한 발명가가 도시에 공기청정기 역할을 하는 건물을 세우는 아이디어를 낸 것을 보았습니다. 저는 그것을 보고, '축구 경기장에도 대형 공기 청정기 역할을 하는 장치를 달면 되겠구나'하는 생각을 하게 되었습니다. 그렇게 된다면 많은 사람들이 미세먼지 없는 깨끗한 경기장에서 축구를 즐길 수 있을 것이라고 생각했습니다."

아이들은 '이야, 아이디어 좋은데'하는 표정으로 규호

를 쳐다보았습니다.

"그리고 가장 중요한 점은 이런 경기장이 만들어진다면 제가 매일 축구를 할 수 있어서 행복할 것이기 때문입니다."

규호의 발표에 '역시 축구광 이규호야!' 하는 말과 함께 아이들의 웃음소리가 여기저기서 터져 나왔어요.

아이들의 반응을 보자 규호도 머쓱한 기분이 아닌, 조금은 우쭐한 기분이 들었어요. 이제 더 이상 잔소리와 꾸중만 듣는 아이가 아니라 진짜 자신이 미세먼지 전력분석관이 된 것 같았거든요. 규호는 아직 발표하지 않은 내용을 이야기하기 위해 좀 더 자신감 있는 목소리로 말을 이어 나갔답니다.

함께 사는 세상 환경 동화 5

초판 1쇄 발행 2018년 4월 25일
초판 8쇄 발행 2024년 6월 5일

글쓴이 김성준
그린이 김성영
펴낸이 김옥희
펴낸곳 아주좋은날
편집진행 박성아
디자인 안은정
마케팅 양창우, 김혜경

출판등록 2004년 8월 5일 제16-3393호
주소 서울시 강남구 테헤란로 201, 501호
전화 (02) 557-2031
팩스 (02) 557-2032
홈페이지 www.appletreetales.com
블로그 http://blog.naver.com/appletales
페이스북 https://www.facebook.com/appletales
트위터 https://twitter.com/appletales1
인스타그램 @appletreetales
           @애플트리태일즈

ISBN 979-11-87743-36-1 (74810)
ISBN 978-89-98482-81-7 (세트)

ⓒ 김성준, 2018
ⓒ 김성영, 2018

이 책의 무단전재와 무단복제를 금지하며,
책 내용의 전부 또는 일부를 이용하려면 반드시 아주좋은날의 동의를 받아야 합니다.

잘못 만들어진 책은 구입한 곳에서 바꿔드립니다.
값은 뒤표지에 표시되어 있습니다.

이 도서의 국립중앙도서관 출판시도서목록(CIP)은 서지정보유통지원시스템 홈페이지(http://seoji.nl.go.kr)와
국가자료공동목록시스템(http://www.nl.go.kr/kolisnet)에서 이용하실 수 있습니다.
(CIP제어번호 : CIP2018011004)

아주좋은날 은 애플트리태일즈의 실용·아동 전문 브랜드입니다.

어린이제품 안전특별법에 의한 기타 표시사항
품명 : 도서 | 제조 연월 : 2024년 6월 | 제조자명 : 애플트리태일즈 | 제조국 : 대한민국 | 사용연령 : 8세 이상
주소 : 서울시 강남구 테헤란로 201, 5층(02-557-2031)